| English | **Boujemaa Climbs A Mountain** |
| Română | **Boujemmaa urcă pe munte** |

1

First published in 2022
Written by Hannah Burkhardt Book and Illustrated by Sara Ross

ISBN: 978-1-998867-10-3

English

Română

Hi, I am Boujemaa.

Bună, eu sunt Boujemmaa.

Today I am going hiking with my mom.

Astăzi mă duc într-o drumeție
pe munte cu mama.

8

First I see mushrooms.

Mai întâi văd ciupercuțe.

10

My shoelace comes undone
so I stop to tie it.

Mi se desface șiretul, așa că mă
opresc să îl leg la loc.

We see a robin perched in a tree.

Vedem un măcăleandru într-un copac.

14

We hear water trickling and find a little waterfall near the path.

Auzim un susur de apă și găsim o mică cascadă în apropierea potecii.

I notice moss and lichen growing.

Observ cum cresc lichenii și mușchiul.

Along the path I look for
a four leaf clover.

Caut un trifoi cu patru foi
în apropierea potecii.

Instead I find a patch of strawberries
and pick some to eat.

Găsesc în schimb câteva căpșune și
culeg câteva să le mănânc.

22

When we are hungry we stop for a snack.

Când ni se face foame, ne oprim să luăm o gustare.

And we take time to throw rocks down the hill.

Și mai stăm puțin să aruncăm cu pietre în josul dealului.

After the snack we cross a bridge.

După gustare trecem podul.

Nearby we see a mouse rustling in the leaves.

Vedem un șoricel care aleargă prin frunzele din apropiere.

We stop to watch the leaves falling. So beautiful!

Ne oprim să privim cum cad frunzele. Ce frumos!

I breathe in the fresh air.

Inspir aerul curat.

And stretch my legs.

Și îmi întind picioarele.

I see a tent caterpillar walking on its tree.

Văd o omidă de cort mergând pe un copac.

But I hear a noise...

Dar aud un zgomot...

I feel scared so I hold mummy's hand.

Mi se face frică și o iau pe mami de mână.

I ask if we are there yet. I am tired so she gives me a piggyback.

O întreb dacă am ajuns. Am obosit așa că mă duce în cârcă.

43

After I rest, I have energy
so I run to the top!

După ce mă odihnesc am multă
energie, așa că alerg până sus!

We are finally at the top of the
mountain. What a view!

Am ajuns în sfârșit în vârful muntelui.
Ce priveliște!

About the Author

Hannah Burkhardt traveled the world before she studied English literature and drawing at Concordia University. She wrote this story to be simple in translation and painted the illustrations using watercolours. Inspired by Chimamanda Ngozi Adichie, she wants each and every child to see themselves represented in literature. Hannah's dream is to make it easy to find books in any language.

About the Illustrator

Sara has always been interested in art and began lessons when she was only nine years old. Sara is currently attending a specialized arts school where she is taking a variety of visual arts classes giving her the chance to experiment with different mediums. She painted these illustrations in watercolour with the aim of creating a fun, colourful atmosphere. After postsecondary, she hopes to continue in the illustration industry.

Multilingual Picture Books

This book is customizable. Pick any languages you would like. To receive a quote please contact us:

www.fluentbooks.ca

Instagram: **@fluentbookspublishing**

普通话 Pinyin	kiswahili	Anishnabemowin
廣東話 Jyutping	العربية	አማርኛ
Tiếng Việt	العربي المغربي	Yoruba
한국어	עברית	Français
Tagalog	فارسی	Español
日本語	اردو	Italiano
தமிழ்	ਪੰਜਾਬੀ	Português
नहीं	বাংলা	Any Language